U0722371

乡风文明
培育提升

奥秘画报社 编

云南出版集团

YNK 云南科技出版社

· 昆明 ·

图书在版编目（CIP）数据

乡风文明培育提升 / 奥秘画报社编 . -- 昆明 : 云
南科技出版社 , 2022.10
 （科技助力乡村振兴点点通）
 ISBN 978-7-5587-4482-2

 Ⅰ.①乡… Ⅱ.①奥… Ⅲ.①农村－精神文明建设－
中国－普及读物 Ⅳ.① D422.62-49

 中国版本图书馆 CIP 数据核字 (2022) 第 154895 号

乡风文明培育提升
XIANGFENG WENMING PEIYU TISHENG

奥秘画报社 编

出 版 人：温　翔
策　　划：高　亢
责任编辑：洪丽春　曾　芃　张　朝
助理编辑：龚萌萌
封面设计：云璞文化
责任校对：秦永红
责任印制：蒋丽芬

书　　号：ISBN 978-7-5587-4482-2
印　　刷：昆明市金田印刷有限公司
开　　本：889mm×1194mm　1/32
印　　张：4.875
字　　数：123 千字
版　　次：2022 年 10 月第 1 版
印　　次：2022 年 10 月第 1 次印刷
定　　价：32.00 元

出版发行：云南出版集团 云南科技出版社
地　　址：昆明市环城西路 609 号
电　　话：0871-64114090

编委会

主　编：卢　骏

副主编：尹朝东　王亚梅

编　委：周　曌　张琳玲　官慧琪
　　　　赵　天　杨　艳　马丽梅
　　　　蒲姣娇　杨　微　徐娅雯

目 录

亮丽乡村

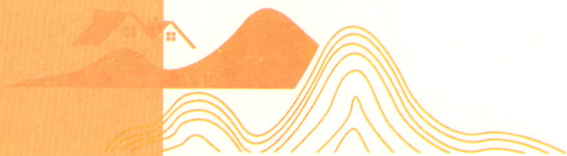

文明行为

乡风文明

一、什么是乡风文明

党的十九大报告提出实施乡村振兴战略，其中乡风文明贯穿乡村振兴的各个方面，是乡村振兴战略的灵魂所在，也是乡村精神文明的核心。

　　乡风文明是指农民群众的思想、文化、道德水平不断提高，在农村形成崇尚文明、崇尚科学的社会风气，农村的教育、文化、卫生、体育等事业发展逐步适应农民生活水平不断提高的需求。

　　我国乡村是中华民族五千年优秀文明成果的重要承载体，蕴含着丰富的文化内涵和重要的文化价值。中国的乡风文明建设，实质上就是复兴和活化我国广大乡村优秀传统文化，激发内生文化自信，推动广大乡村进一步振兴发展。

二、怎样做到乡风文明

　　乡村文化中倡导的人与自然和谐共生的发展理念，吃苦耐劳的优良家风，守望相助、诚信友善的传统美德等，要依据现代化建设和民族复兴的现实需要，对其进行创造性转换和创新性发展，为乡村文化在新时代的传承和发展奠定更坚实的基础。

　　● 爱党爱国，关心集体：拥护中国共产党，热心公益事业。

　　● 遵纪守法，礼貌待人，讲话文明，行文明礼仪，养文明习惯。

　　● 学法用法，遵章守纪：家庭成员积极参加乡村组织的各种普法教育，自觉学法、守法、用法。自觉遵守国家法律法令，不参与黄、赌、毒，无偷盗、斗殴、聚众闹事，无乱占、抢占基地或耕地现象。

　　● 艰苦奋斗，勤于学习，勤劳致富，勤俭持家；不好逸恶劳，不贪图享乐，不铺张浪费。

● 科学生产，勤劳致富：家庭主要成员自觉学习和掌握农业科学技术，家庭成员每年至少参加一次乡村组织的科普培训，有一人熟练掌握 1~2 门农业实用科学技术。

● 孝老爱亲，夫妻和谐，邻里团结；诚实守信，经营合法；不虐待老人，不欺诈他人，不称霸欺人。

● 积极学习法律法规和社会安全知识，增强法制意识。

● 抵制歪风，弘扬正气；婚事新办，丧事简办，神事不办。婚庆喜事宴请不大操大办，盲目攀比，索要天价彩礼；办丧事不搞封建迷信，厚葬薄养，吹打扰民。

● 崇尚科学，积极学习科学文化知识，参与文体活动，不在公共场所吸烟，拒绝"黄赌毒"，不沉溺于打麻将、玩游戏和非法宗教活动。

● 保护生态环境，爱护河塘水源，生活垃圾分类投放，保持房前屋后和庭院干净整洁。不违章搭建，不乱扔烟头等杂物，不散养家禽和犬只，不随地吐痰、大小便。

● 尊师重教，重体爱卫，尊老爱幼，与人友善，待客有礼，邻里团结；不讲脏话粗话，不打架斗殴。

● 重视教育，提高素质：重视智力投入和文化学习，家庭中用于文化、科技、教育的投入达到家庭人均收入的5%以上。家庭40岁以下成人无文盲，子女完成九年制义务教育，无辍学失学现象。积极参与农村文化建设，带头参加农村各项文体活动。

● 邻里之间发生纠纷，应冷静处置，当事人严己宽人，局外人善意调解，不要搬弄是非。

● 健康饮食，节俭养德，做到"长者先动筷，夹菜用公筷"；不闹酒酗酒，不浪费粮食。

● 行车走路不闯红灯，酒后不驾车；出行出游不损坏公共绿化和公园体育健身器材等基础设施。

● 主动为空巢老人、留守儿童、残障人士等弱势群体提供帮助。不自私自利、见危不救、见困不帮。

......

三、先进文化惠民行动

文化体育活动

● 春节举办迎新文艺晚会
● 结合"迎新春"举办舞龙灯活动
● 结合"五四"青年节举办文艺表演
● 结合"六一"开展庆祝儿童节文艺表演活动和游
园活动

● 开展读书阅览比赛，绘画展，以及开展全乡运动会

● 进行篮球、乒乓球、跳绳、拔河等比赛，丰富文化体育活动

全民读书学习

● 确定乡村读书日

● 举办"书香之村""书香之乡（镇）"推荐评选活动，向全社会展现基层群众的读书风采，引领阅读风尚

● 设立农家书屋

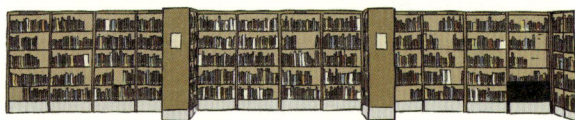

社会主义核心价值观

富强、民主、文明、和谐

"富强、民主、文明、和谐",是我国社会主义现代化国家的建设目标,也是从价值目标层面对社会主义核心价值观基本理念的凝练,在社会主义核心价值观中居于最高层次,对其他层次的价值理念具有统领作用。

社会主义核心价值观

[国家] 富强 民主 文明 和谐

[社会] 自由 平等 公正 法治

[个人] 爱国 敬业 诚信 友善

我学习
我践行

富强

富强，即国富民强

富强是社会主义现代化国家经济建设的应然状态，是中华民族梦寐以求的美好夙愿，也是国家繁荣昌盛、人民幸福安康的物质基础。

民主

民主，是人类社会的美好诉求

我们追求的民主是人民民主。

- 其实质和核心是人民当家作主。
- 民主是社会主义的生命；
- 民主也是创造人民美好幸福生活的政治保障。

文明

文明，是社会进步的重要标志

- 文明是社会主义现代化国家的重要特征。
- 文明是社会主义现代化国家文化建设的应有状态。
- 文明是对面向现代化、面向世界、面向未来的，民族的科学的大众的社会主义文化的概括。
- 文明是实现中华民族伟大复兴的重要支撑。

和谐

和谐，是中国传统文化的基本理念

- 和谐集中体现了学有所教、劳有所得、病有所医、老有所养、住有所居的生动局面。
- 和谐是社会主义现代化国家在社会建设领域的价值诉求。
- 和谐是经济社会和谐稳定、持续健康发展的重要保证。

自由、平等、公正、法治

"自由、平等、公正、法治",是对美好社会的生动表述,也是从社会层面对社会主义核心价值观基本理念的凝练。它反映了中国特色社会主义的基本属性,是我们党矢志不渝、长期实践的核心价值理念。

自由

自由,指人的意志自由、存在和发展的自由

- 自由是人类社会的美好向往;
- 自由也是马克思主义追求的社会价值目标。

平等

平等，指的是公民在法律面前一律平等

● 平等的价值取向是不断实现实质平等。

● 平等要求尊重和保障人权，人人依法享有平等参与、平等发展的权利。

公正

公正，即社会公平和正义

● 公正以人的解放、人的自由平等权利的获得为前提。

● 公正是国家、社会的根本价值理念。

法治

法治，治国理政的基本方式

- 依法治国是社会主义民主政治的基本要求。
- 法治通过法制建设来维护和保障公民的根本利益。
- 法治是实现自由平等、公平正义的制度保证。

爱国、敬业、诚信、友善

　　"爱国、敬业、诚信、友善"，是公民的基本道德规范，是从个人行为层面对社会主义核心价值观基本理念的凝练。它覆盖了社会道德生活的各个领域，是公民必须恪守的基本道德准则，也是评价公民道德行为选择的基本价值标准。

● 爱国是基于每个人对自己祖国依赖关系的深厚情感。

● 爱国也是调节个人与祖国关系的行为准则。

● 它同社会主义紧密结合起来，要求人们以振兴中华为己任，促进民族团结，维护祖国统一，自觉报效祖国。

敬业

● 敬业是对公民职业行为准则的价值评价。

● 敬业要求公民忠于职守，克己奉公，服务人民，服务社会，充分体现了社会主义职业精神。

诚信

诚信，即诚实守信

- 诚信是人类社会千百年传承下来的道德传统。
- 诚信也是社会主义道德建设的重点内容。
- 诚信强调诚实劳动、信守承诺、诚恳待人。

友善

友善

- 友善强调公民之间应该相互尊重、互相关心、互相帮助。
- 友善还强调友好和睦，努力形成社会主义新型的人际关系。

精神文明

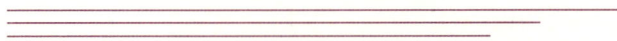

一、社会主义精神文明

社会主义思想道德建设

● 坚持爱国主义、集体主义、社会主义教育，加强社会公德、职业道德、家庭美德建设，树立建设中国特色社会主义的共同理想和正确的世界观、人生观、价值观。

● 社会主义思想道德建设的指导思想是马列主义、毛泽东思想和邓小平理论、"三个代表"重要思想、科学发展观和习近平新时代中国特色社会主义思想。

推动精神文明建设
凝聚强大精神力量

● 社会主义思想道德建设的根本目标是培育有理想、有道德、有文化、有纪律的社会主义公民，提高整个中华民族的思想道德素质和科学文化素质。

● 社会主义思想道德建设要以为人民服务为核心。

● 社会主义思想道德建设要以集体主义为原则。

● 社会主义思想道德建设的主要途径和方法是教育和法制。

教育科学文化建设

● 科学技术现代化是实现社会主义现代化的关键。

● 文化的繁荣是社会主义现代化的重要内容。

● 繁荣、发展哲学社会科学、文学艺术、新闻出版、广播出版等文化事业是文化建设的重要内容。繁荣文学和艺术必须坚持为人民服务，为社会主义服务的方向，贯彻"百花齐放、百家争鸣"的方针。

● 营造良好的社会文化环境是加强文化建设，提高社会文明程度，推进改革开放和现代化建设的重要条件。

二、社会公德

文明礼貌

社会公共生活中人与人之间应该和谐相处，举止文明，以礼相待。自觉杜绝说脏话、随便猜疑、欺骗他人等恶习。这是处世做人最起码的要求。

助人为乐

　　助人为乐，见义勇为是社会成员在公共生活交往中用以调整相互关系的最一般的行为规范之一。在公共生活中，人与人之间应该团结友爱，相互关心，相互帮助。爱人者人恒爱之，信人者人恒信之。现实生活中不可能人人都时时快乐、事事顺心，难免会遇到这样或那样的困难和问题，总有需要人帮助、救济的时候。这就需要人们之间互相帮助，扶危济困，乐善好施，以助人为乐。对不法行为，每个公民都应当分清是非，挺身而出，智斗勇斗，见义勇为，都有责任和义务自觉维护社会治安。

爱护公物

爱护公共财物是社会公德极其重要的内容，尤其在公共场合更要注意这一点。要保护国家及公共财产不受侵犯。

保护环境

为了保持社会公共生活的环境整洁、舒适和干净，保障社会成员的身体健康，每个公民都应当讲究公共卫生、保护生活环境，这也是社会公共生活中人们应当遵循的最基本的行为规范。讲究公共卫生，保护优美环境，是人身心健康的重要保证；是社会风尚的一个重要方面，能体现一个民族的文明程度和精神面貌。

遵纪守法

● 每个社会成员既要遵守国家颁布的有关法律、法规，也要遵守特定公共场所的有关规定。

● 依照法律、法规及纪律的有关规定行事，不妨碍他人的正常活动，保障自己所要从事的某项活动；不给社会和他人造成损失和伤害，保持社会公共生活相对稳定和和谐，并保证社会的健康发展。

● 自觉增强法律意识、增强法纪观念，自觉用法纪来指导和约束自己的行为，自觉履行法纪规定的义务，敢于并善于运用法律武器同各种违法乱纪现象做斗争，并能正确运用法纪手段保护自己的合法权益不受侵犯，真正做到知纪懂法和遵纪守法。

如果社会公德遭到了践踏和破坏，整个社会的道德体系就可能会瓦解，整个社会的安定团结也将被破坏，社会主义精神文明建设也就不可能真正搞好。但在一定的历史发展阶段，社会的道德风尚通常是衡量一个社会的精神文明发展水平的重要标志，是整个人类社会精神文明发展的一种反映和体现。

三、公民基本道德规范

公民基本道德规范是指公民应当遵守的基本道德规范。中共中央颁布的《公民道德建设实施纲要》，把公民基本道德规范集中概括为**二十字：爱国守法，明礼诚信，团结友善，勤俭自强，敬业奉献。**

爱国守法

强调公民应培养高尚的爱国主义精神，自觉地学法、懂法、用法、守法和护法。

明礼诚信

强调公民应文明礼貌、诚实守信、诚恳待人。

团结友善

强调公民之间应和睦友好、互相帮助、与人友善。

勤俭自强

强调公民应努力工作、勤俭节约、积极进取。

敬业奉献

强调公民应忠于职守、克己为公、服务社会。

● 爱国指对祖国的忠诚和热爱；守法指人们按照法律规范进行活动。

● 明礼就是对社会交往规则、仪式和习惯的正确理解和运用；诚信通常指诚实守信。

● 团结指人们为了实现共同的利益和目标而在思想和行动上相互一致；友善指人与人之间相互友好帮助，共求进步。

● 勤俭即勤劳节俭；自强指人对自己的能力和行为所具有的自信和进取意识。

● 敬业指要有正确的职业观念，热爱本职工作和对技术精益求精；奉献指为国家和人民的利益贡献自己的力量，不计个人得失。

　　这些基本行为准则，在同一道德体系中具有内容的广延性和层次的多样性，既包括社会主义的公民所必须共同遵守的最重要的行为准则，又涵盖了家庭、职业、公共生活等各个领域所应遵守的最基本的道德准则，适用于不同社会群体，与不同社会领域的具体道德规范融为一体，贯穿公民道德建设的全过程。

四、学法、知法、守法

● 要知道遵法守法，这是最首要的，在平时的学法中要知道懂法。

● 关键还需要学会在生活中使用它，在碰到事情的时候绝对不能盲目冲动。

● 牢记和掌握最基本的法律知识。

● 树立法治观念，当好模范遵法的表率。

● 法律是治国之重器，法律面前人人平等，任何组织或者个人都不得有超越宪法和法律的特权。

● 强化法治思维，当好自觉学法的表率。宪法是国家的根本法，是治国安邦的总章程。

● 要努力学习法律知识，真正让法治精神深植于脑、内化于心。各级领导干部要深刻领会依法治国的基本内涵，认真学习宪法以及行政、经济、社会管理等方面的法律法规，强化法治思维，提升法律素养，做到依法决策、依法行政、依法管理。

● 严格约束言行，当好认真守法的表率。

要时刻严格约束自身言行，在守法上更加严格自律，时时处处以宪法法律为准绳，带头厉行法治，牢固树立敬畏法律、遵守法律的意识，从内心深处把坚持依法办事作为政治责任、施政习惯、自觉追求，做到在诱惑面前把握自我，不穷奢极欲、以身试法。

村规民约

一、积极参与

新村规民约的制定过程应当改变过去由镇村制定、村民遵守的方式，而是应该充分吸取村民的意见和建议。

村民参与村规民约制定的程序

● 召开村民代表会，由村民代表酝酿起草新的村规民约；

● 召开农村工作片议事会，每个片区的村支部书记再对草稿进行完善和补充；

● 修改后的版本送到镇上以后，镇党委组织公安、土地、财政等职能部门，再对内容进行把关；

● 镇上对相关内容进行确认后，形成一份征求意见稿，发放到每家每户，村民结合实际情况提出修改意见和建议并签字确认；

● 再次召开村民代表会，结合村民的意见和建议，重新修订完善，报镇村议事会通过。

二、共同遵守

（一）社会秩序

● 每个村民都要学法、知法、守法，自觉维护法律尊严，积极同一切违法犯罪行为做斗争。

● 村民之间应团结友爱，和睦相处，不打架斗殴，不酗酒滋事，严禁侮辱、诽谤他人，严禁造谣惑众、拨弄是非。

● 自觉维护社会秩序和公共安全，不扰乱公共秩序，不阻碍公务人员执行公务。

● 严禁偷盗、敲诈、哄抢国家、集体、个人财物，严禁赌博，严禁替罪犯藏匿赃物。

● 严禁非法生产、运输、储存和买卖爆炸物品；经销烟火、爆竹等易燃易爆物品须经公安机关等有关部门批准。

● 爱护公共财产，不得损坏水利、道路交通、供电、通讯、生产等公共设施。

● 严禁非法限制他人人身自由或非法侵犯他人住宅，不准隐匿、毁弃、私拆他人邮件。

● 严禁私自砍伐国家、集体或他人的林木，严禁损害他人庄稼、瓜果及其他农作物，加强牲畜看管。

● 认真遵守户口管理规定，出生、死亡要及时申报和注销；外来人员，需要在本村短期居住的应向村流管站汇报，办理相关手续，在本村暂住务工或经商的外来人员必须服从本村的村规民约。

（二）社会公共道德

●邻里关系

●村民之间要互尊、互爱、互助，和睦相处，建立良好的邻里关系。

●在生产、生活、社会交往过程中，应遵循平等、自愿、互惠互利的原则，发扬社会主义新风尚。

●邻里纠纷，应本着团结友爱的原则平等协商解决，协商不成的可申请村调解委调解，也可依法向人民法院起诉，树立依法维权意识，不得以牙还牙、以暴制暴。

●依法使用宅基地：老宅基地要严格遵守历史状况，新宅基地按镇、村规划执行，不得损害整体规划和四邻利益。

●村民饲养的动物、家禽造成他人损害的，饲养人或管理人负经济责任；没有或限制行为能力的人给他人造成损害的，监护人应负经济责任。

● 婚姻家庭

● 遵循婚姻自由、男女平等、一夫一妻、尊老爱幼的原则，建立团结和睦的家庭关系。

● 婚姻大事由本人做主，反对包办干涉，男女青年结婚必须符合法定结婚年龄要求，提倡晚婚晚育。

● 自觉遵守计划生育法律、法规、政策，实行计划生育，提倡优生优育，严禁无计划生育或超生。

● 夫妻地位平等，共同承担家务劳动，共同管理家庭财产，反对家庭暴力。

● 父母应尽抚养、教育未成年子女的义务，禁止歧视、虐待、遗弃女婴。子女应尽赡养老人的义务，不得歧视、虐待老人。

（三）公共事务

● **消防安全**

● 加强野外用火管理，严防火灾发生。

● 家庭用火做到人离火灭，严禁将易燃易爆物品堆放户内、村内，定期检查、排除各种火灾隐患。

● 对村内、户内电线要定期检查，损坏的要请电工及时修理、更新，严禁乱拉乱接电线。

● 加强村民尤其是少年儿童安全用火用电知识宣传教育，提高全村消防安全知识水平和意识。

●环境卫生、土地管理

●积极开展文明新村建设，搞好公共卫生，加强村容村貌整治，严禁随地乱倒乱堆垃圾、秽物，严禁随地吐痰；修房盖屋余下的垃圾碎片应及时清理，柴草、粪土等应定点堆放。

●保持村容整洁和道路畅通，不准挤街占道，私搭乱建，不乱摆乱卖，乱停乱放。

●建房应服从建设规划，经村委会和上级有关部门批准，统一安排，不得擅自动工，不得违反规划或损害四邻利益。禁止非法占用耕地建造房屋。

●任何个人不得侵占、买卖、出租或者以其他形式非法转让和变更村集体或他人的土地使用权。

●严禁在露天焚烧秸秆。

●村民各家各户门前院内要保持清洁，清理卫生死角，清除废弃堆积物，禁止在公共场所乱扔乱倒垃圾和渣土及污水直排，做好垃圾分类。

（四）公益事业

● 村内兴办公共（公益）事业建设所需筹资筹劳，实行"一事一议"制度，由村民会议或户代表会议讨论通过。

● 经"一事一议"决定兴办的公共（公益）事业建设及相关筹资筹劳事宜，必须人人参加，户户参与。不参与投工者，按当地工价折资兑现。

● 村民议事会成员应密切联系，每年的村级公共服务资金用途群众说了算。

● 充分发挥村务监督委员会的监督作用。

（五）村风民俗

● 提倡社会主义精神文明，移风易俗，反对封建迷信及其他不文明行为，树立良好的民风、村风。

● 提倡喜事新办，丧事从俭，破除陈规旧俗，反对铺张浪费，反对大操大办。

● 不请神弄鬼或装神弄鬼，不搞封建迷信活动，不听、看、传播淫秽书刊、音像，不参加邪教组织。

● 建立正常的人际关系，不搞宗派活动，反对家族主义。

● 积极参加村里组织的各种文化、体育活动，提倡全民健身运动，见义勇为、伸张正义，遵守社会公德，扶老携幼，学好科学文化，社会知识，用自身知识影响老一代和教育下一代。服从镇村规划，不准乱修乱建，搬迁、拆迁不提过分要求，拆旧翻新须经村两委同意，报上级有关部门审核，不准擅自动工。

● 村民应自觉农宴申报。

三、婚丧嫁娶革新

（一）破除陈规旧俗

　　婚丧嫁娶、迎来送往中的人情风俗承载着人们交流互动、情感沟通之功能。但婚丧嫁娶大操大办等陋习不仅让许多农村家庭不堪重负，也严重阻碍了农村的经济社会发展和脱贫攻坚。

大力推动移风易俗，倡导喜事新办、丧事简办的做法，不仅可以破除长期形成且难以根除的陈规旧俗顽疾，也可以引领乡村文明新风，助推乡村振兴发展。用科学文明的生活方式，引领全社会以实际行动移风易俗，节俭办理婚丧嫁娶。一时节约易，天天节约则难。要把这种文明新风落实下去，既需要政策规范，更需要百姓的坚韧和自觉，只有人人都以勤俭节约为荣，理性消费，才能形成勤节约的良好社会风尚。

（二）反对铺张浪费

倡导移风易俗，将厉行节约、反对浪费等事项写入村规民约，深入开展村规、民约、家风和"中国梦"宣传教育，纠正错误观念，促进农村经济健康发展、社会和谐稳定。

（三）喜事新办

●倡导喜事新办

自觉遵守公序良俗，倡导简化婚礼仪式、控制婚礼规模、缩短婚礼时间，控制迎亲车辆、宴席桌数和标准，抵制低俗婚闹、讲排场、比阔气、高额彩礼等不良风气。

●拒绝高额彩礼，反对攀比之风

婚嫁活动中出现的高额彩礼、盲目攀比、举债结婚等不良风气，不仅加重了家庭负担，还影响了社会和谐。婚嫁彩礼、礼金、礼品限于人情礼节性，婚嫁彩礼总数要与纯收入相适宜，禁止铺张浪费，有序倡导逐年下降、零彩礼。自觉抵制高额彩礼、奢侈婚礼；引导各村修订完善村规民约，倡导婚事新办、喜事省办。抵制大操大办、铺张浪费、攀比摆阔、低俗婚闹等不良风气；支持、鼓励村（居）民委员会、社区组织提供婚恋服务，宣传引导抵制高额彩礼、

奢华婚礼。对婚礼高额彩礼及大操大办、铺张浪费、封建迷信、攀比随礼等不良现象进行"黑榜"曝光。

● **自觉抵制下列行为**

索要高额彩礼、礼金或者利用彩礼、礼金干涉婚姻自由；给付或者收受超标准彩礼、礼金；退（毁）婚高价赔偿；以婚嫁损害他人合法权益；利用婚嫁敛财；法律、法规禁止的其他敛财行为。

● **抵制不文明婚闹行为，做到"十不"**

不裸身露体博眼球，不内衣外穿引围观；
不粗俗挂物坏形象，不乱涂乱画辱人格；
不折花踏草伤绿荫，不乱扔鸡蛋污环境；
不阻塞交通扰秩序，不燃放鞭炮惊行人；
不污言秽语显低俗，不劝酒酗酒惹事端。

● 喜事新办"十不准"

● 订婚宴、启媒宴不超过 5 桌，总数不超过 50 人。

● 婚宴单方宴席不超过 20 桌，宴请人数不超过 200 人；双方联办婚宴的，宴席不得超过 40 桌，总人数不超过 400 人。

● 婚宴餐标每桌不超过 2000 元。

● 婚事随礼低标准往来，非亲人员随礼不超过 300 元。

● 婚车数量不超过 5 辆，不准使用豪华车辆。

● 婚庆礼仪不超过半小时，禁止大规模搭台和低俗化演出互动。

● 不准在酒店门口设置各种贺喜拱门。

● 不准在公共场所、住宅区燃放烟花爆竹和纸礼炮。

● 不准在主次干道、街巷通道、公共广场、公共停车场等公共场所占道搭棚和摆设宴席。

●乔迁新居、庆生祝寿、满月周岁、启蒙上学、升学谢师、参军就业、开业庆典等喜宴不超过5桌，总人数不超过50人，餐标不得高于婚宴标准，不准收受非亲属人员礼金。

（四）丧事简办

倡导丧事简办，确须举办的尽可能缩小规模，从简办理，简化治丧仪式，缩短治丧时间，倡导网上祭奠、献鲜花、植树等文明祭奠方式，用更环保、更生态的殡葬方式表达对逝者的追思。

殡期一律不得超过3天，即从死亡之时起72小时。

花圈

花圈、花篮、花匾总数不能超过5个，单个不得超过1.5米。

●花圈应有序摆放在办丧区以内；

●除逝者生前人事所在单位外，其他行政机关、国有企事业单位、村居一律不得以单位名义赠送花圈；

●禁止党员干部以个人名义送花圈。

乐队

乐队不得超过两班，总人数不得超过 20 人，上午 6 点之前、20 点之后不得奏乐。

车辆

火化时往返殡仪馆的车辆和出殡（送殡）车辆均不得超过 5 辆（放置骨灰车辆以及乐队车辆不计算在内）。不得租用非法营运车、非法改装的花车、西乐车、电子花圈车、电子屏幕车。

灵堂灵棚

灵堂灵棚搭设总面积控制在 150 平方米以内，不得占用道路；房屋前后都临街的，只能在副街临时搭棚；严管区不能搭建灵棚；灵棚内不得摆放易燃易爆品。

宗教仪式

宗教仪式持续时间一律不得超过一天（早上 8 点至 21 点之间），不得传道布教，不得使用扩音设备，教职人员控制在 5 人以内，不得搞封建迷信和其他扰民行为。

烟花爆竹

除遗体火化出门时和火化后骨灰运回及出殡离家和骨灰入葬时，各允许放 500 响以内爆竹一串外，禁止火化、出殡、回山沿路及守灵办丧期间燃放烟花爆竹，提倡使用电子鞭炮，禁止使用礼炮。

迷信用品

禁止使用任何形式的封建迷信用品和迷信行为（正常宗教行为和辅助用品除外）。不得使用各种纸扎用品、冥币、元宝等迷信用品，禁止沿路抛撒纸钱、路祭，禁止入葬后砍伐树木回朝。

宗族、宗教旗帜

出殡队伍中不得使用宗族、宗教旗帜。

宴席

办丧期间平时用餐仅限于操办工作人员、直系亲属，不超过 5 桌，总人数不超过 50 人；出殡酒席不超过 20 桌，总人数不超过 200 人；不得变相搞流水席。

礼金

非亲人员白事礼金（人情红包）收送均不超过 100 元/人，不得以单位名义赠送礼金（逝者所在单位工会慰问金除外）。

出殡线路

出殡路线必须经属地乡镇审批后方可实施，应尽量避开国道、省道和严管区域道路，并严格按照审批时间、路线出殡。

（五）文明祭祀

● **安全祭扫**

要求切实增强安全意识，自觉遵守疫情防控有关要求，选择非实地实物祭扫，不组织、不参加聚集性祭扫活动。

● **文明祭扫**

积极倡导通过"祈福卡""寄语墙"、网上祭祀、踏青遥祭、经典诵读、撰写缅怀文章、种植花草树木、举办家庭追思会等方式来怀念逝者，寄托哀思。

● **节俭祭扫**

倡导市民树立厚养薄葬新观念，对在世老人多关心、尽孝心，使他们老有所养、老有所乐。老人去世后，不大操大办、铺张浪费、相互攀比，以节俭方式寄托哀思。

● **绿色祭扫**

遵守社会公德，树立环保意识，自觉遵守禁燃禁放烟花爆竹等市容管理规定，杜绝在城市道路、广场、小区、绿化带、景区、林区等公共场所焚香烧纸、抛撒冥币、燃放爆竹，共同维护青山绿水蓝天。

● **12 种文明祭奠的方式**

●音乐祭奠：通过为逝者播放生前喜爱的歌曲、诗歌等倾诉哀思。

●社区公祭：将鲜花摆放在已故亲人的遗像旁，念祭文，集体悼念。

●鲜花祭奠：为已逝故人献束鲜花，鞠躬敬礼，追忆哀思。

●植树祭奠：通过植树寄托哀思，既祭奠亲人又保护环境。

●签名祭奠：在祭祀条幅上签上自己的名字并写下真情寄语。

●网上祭奠：通过登录祭奠网站为逝去的亲人进行追悼。

●放飞祭奠：用气球将哀思带上天空，表达对已逝亲人的思念。

●往生回忆：播放已故亲人生前留存的影像资料，重温过往。

●文化祭奠：通过写文章或设立寄思专栏来表达缅怀、追思之情。

●公墓祭奠：到墓园通过鲜花、音乐等方式拜祭，表达哀思。

●庭院祭奠：以小区、居民楼为单位，居民集体公祭。

●心语祭奠：通过笔祭、烛光祭等形式，表达对逝者的思念。

（六）廉洁自律

树立"移风易俗、党员先行"的良好风气。倡导党员发挥关键作用，既做好移风易俗的领导者、推动者，又做好实践者、示范者，带头推动移风易俗，带头践行丧事简办、厚养薄葬，不举办、不参加搬家酒、满月酒、升学宴、状元酒、谢师宴、"无事"酒等活动，自觉抵制滥办酒席、大操大办、吃喝送礼等行为，带头监督制止歪风邪气，积极向相关部门反映各类不良行为，带头弘扬勤俭节约、喜事新办的文明风尚，用优良的党风带动社风民风。

● 办理本人和子女婚庆活动的，严禁化整为零，分批次、多地点办理；严禁以任何方式向管理服务对象及与行使职权有关的单位和人员发出邀请或打招呼。

党和国家工作人员应带头文明节俭办理丧事，带头执行党和国家有关殡葬改革，规定，从严控制葬礼规模，不搞封建迷信活动。

● 不准利用职权和职务上的影响，收受或者变相收受任何单位的礼金及礼品；不准接受可能影响公正执行公务的礼金、礼品、有价证券或支付凭证；禁止以任何方式由任何单位或者第三方支付应由本人承担的操办费用。

● 不准违规使用公共资源；不准违规借用公务车辆；不得干扰和妨碍正常的工作、生活、交通等公共秩序。

● 除婚丧嫁娶事宜外，其他喜庆事宜严禁以任何方式邀请亲属（直系亲属、三代以内旁系亲属及近姻亲）以外的人员参加，不准收受或者变相收受任何单位和亲属以外人员的礼金及礼品。实行操办婚丧嫁娶事宜报备制度。

（七）自觉农宴申报

● 农村家宴

农村家宴是指在全镇农村范围内办理婚丧嫁娶等各种红白喜事时，在经营单位或非经营性场所开展的群体性聚餐活动。

● 责任体系

农村家宴主（承）办人是食品安全的直接责任人，专（兼）职厨师是食品安全的质量负责人，村委会主任是辖区内食品安全总责任人，镇市场监管所工作人员、村级食药协管员是食品安全的监管人员。

● 管理原则

实行镇政府监管，村委会、食药安全协管员协管、指导与家宴主（承）办人自我管理相结合的工作原则，实行申报备案与现场指导相结合的工作管理制度。

● 申报备案程序

农村家宴实行报告登记制度。人数50人（含50人）以上的由举办者或承办者提前3天向村食药安全协管员报告。报告内容包括举办人和承办者的基本情况、时间、地点、人数和人员来源、场地卫生条件、菜谱等。

村食药安全协管员接到报告或获得信息后，应认真做好登记工作，填写《农村集体聚餐食品安全报告登记表》，与家宴举办者签订《农村集体聚餐食品安全承诺书》，报告镇市场监督管理所。村食药安全协管员负责进行现场指导。

现场指导人员应提前一天对家宴所用食品原料的采购、储存、加工以及厨师健康状况、环境卫生、加工设施等进行现场检查，填写《农村集体聚餐现场检查指导意见书》，对存在的食品安全隐患提出整改意见。发现家宴加工场所卫生条件较差或设施设备不能满足食品安

全需要的，应督促指导整改；严重不符合食品安全要求的，应禁止举办集体聚餐活动。

（八）农宴厨师应具备的条件

从事家宴的炊事人员应具有基本的食品安全知识，身体健康。患有痢疾、伤寒、甲型病毒性肝炎、戊型病毒性肝炎等消化道传染病，以及患有活动性肺结核、化脓性或者渗出性皮肤病等有碍食品安全的疾病者不得从事炊事工作。厨师应持有效《健康证》和《培训合格证》上岗。

（九）食品安全事件的处理

若农村家宴引发食物中毒或疑似食物中毒事件，主（承）办人应在最短的时间内向村委会和镇政府办报告，立即封存导致或者可能导致食品安全事故的食品及其原料、工具及用具、设备设施和现场，联系医疗单位救治中毒人员。村委会和镇政府接到报告后，应在第一时间赶赴现场，按相关规定采取控制措施，维持秩序，救治人员，并报告镇市场监督管理所。

禁办和限办

农村家宴申报地有传染病正在流行的，禁止举办；申报地邻近有传染病正在流行的，限制举办。

其他安全责任

农村家宴主（承）办人应做好聚餐人员的道路交通安全、烟花爆竹燃放、防火等安全管理工作，防止意外事故发生。

四、违反和破坏村规民约的教育方式

● 批评教育，责令改正。

● 要求写出悔过书，并在村内通报。

● 责令其恢复原状或作价赔偿。

● 取消享受或者暂缓享受村里的优惠待遇。

● 凡违反村规民约要进行处理的，必须在调查核实后，经村民委员会（或村民代表会）集体讨论决定，不得擅自处理。

● 凡被依法处罚或违反村规民约的农户，在本年度不得参与、评获"先进'文明户'""五好家庭户"等荣誉称号。

● 外来人员在本村居住的，参照执行本村规民约。

五、村规民约的完善与更新

坚持与时俱进是制定村规民约的一项基本要求。面对新时代"三农"工作的新形势、新任务、新要求，村规民约也需要跟上时代发展的步伐，赋予新的内涵，发挥新的作用，着力打造村规民约"升级版"。

优良家风

一、传承家风家训

传承良好家风家训

家风与家训里，很早之前就确定了家与国的关系。将家国文化这个优秀文化内容代代传承下去，有效净化社会风气，对于维护和捍卫国家之尊严有着非常重要的作用。

　　家风与家训，有的伴随一个家族延承了千年之久。本身就是一种极其宝贵的文化财富。它对当前的家族建设、国家建设都有着极大或者相当大的参考意义，对于新时期的社会主义文明建设也有着极大的促进作用。

发展和谐关系

　　很多家风家训很重要的一个问题就在于"睦邻友好"这个内容。古语就有"远亲不如近邻"之说，它要告诉我们的是一个村落、一个城镇，你可能面对的是一个复杂的社会关系体，这就需要你能不断与人加强沟通，加强交流。而目前很多"零交流""邻里如路人"的现象也是很常见的，如何强化家风与家训，进而影响到社区文化，将是未来一个很重要的课题。

家风家训"一票否决制"

✖ 有违反计划生育情况的

✖ 有参加邪教等非法组织的

✖ 有出现违法违纪案件的

✖ 有安全责任事故受处理的

✖ 有参与黄、赌、毒和贪、嫖、盗及封建迷信现象的

✖ 有违反法律法规及社会公德、职业道德、家庭美德、个人品德等其他情形的

✖ 有违法建筑的

二、家庭美德

婚姻自由

依法办理婚姻登记，抵制无效婚姻；父母或者其他监护人不得允许、迫使未成年人结婚或者为未成年人订立婚约。

婚姻自由和公民的其他任何权利一样，不是绝对自由，而是相对自由。行使婚姻自由权，必须在法律规定的范围内进行，我国婚姻法明确规定了结婚的条件与程序、离婚的条件与程序，这些规定划清了婚姻问题上合法与违法的界限。凡符合法律规定，即为合法行为，受法律保护；不符合法律规定，即为违法行为，不受法理保护。因此，婚姻自由的权利，既不允许任何人侵犯，也不允许当事人滥用。

结婚法定年龄

《民法典》第一千零四十七条，结婚年龄，男性不得早于 22 周岁，女不得早于 20 周岁。

结婚法定程序

1. 申请

结婚的男女双方必须亲自持本人居民身份证、户籍证明、照片、所在单位或村民委员会出具的婚姻状况的证明，共同到一方户口所在地的结婚登记机关，申请结婚登记。

离过婚的申请再婚时，还应持离婚证件。在实行婚前健康检查的地方，申请结婚的当事人，还须到指定的医疗保健机构进行婚前健康检查，向婚姻登记机关提交婚前健康检查证明。

2. 审查

婚姻登记机关对当事人的身份证明、户籍证明和单位证明必须认真审查，对当事人进行询问，还可以做必要的调查或指定项目进行医学上的鉴定，以便查明当事人是否符合结婚的条件。

3. 登记

婚姻登记机关经过全面审查了解，对符合结婚条件的，应准予登记，发给结婚证；对不符合条件的，不予登记，并向当事人说明理由。如果申请结婚的当事人，因受单位或他人干涉不能获得所需证明时，婚姻登记机关经查明确实符合结婚条件的，也应准予登记，发给结婚证，登记结婚后，根据男女约定，女方可以成为男方家庭的成员，男方也可以成为女方家庭成员。

夫妻地位平等

● 规定夫妻在家庭中地位平等

作为夫妻关系的指导原则，是确定夫妻各项权利义务的基础，不是夫妻在家庭中具体权利义务的规定。夫妻平等的原则意味着夫妻在共同生活中平等地行使法律规定的权利，平等地履行法律规定的义务，共同承担对家庭和社会的责任。在"家庭关系"一章规定夫妻平等，也是总则中规定的男女平等原则在家庭关系中的具体体现。夫妻平等原则作为家庭关系一章第 1 条，也是家庭关系一章其他各条的指导原则。家庭关系一章中其他各条都要贯彻这一原则。家庭关系一章只有十余条，而现实生活是复杂的，涉及家庭关系会出现各种各样的情况，在司法实践中，要解决矛盾、解决纠纷，要依法做出裁判。在法律没有具体规定的情况下，对夫妻关系的处理，就要依据夫妻在家庭中地位平等这一原则做出判断。因此，这一条规定也为司法实践中处理纠纷提供了依据。

● 规定夫妻在家庭中地位平等

主要意义在于强调夫妻在人格上的平等以及权利义务的平等。强调夫妻的人格独立，夫妻都是家庭关系中的主体。夫妻双方应当互相尊重对方的人格独立，不得剥夺对方享有的权利。特别是要强调保护妇女，保护妻子在家庭中的人格独立，反对歧视妇女，反对以打骂等方式虐待妇女。重点是保护妇女在家庭中的各项权益。

● 规定夫妻在家庭中地位平等

不是指夫妻在家庭中权利义务一一对等，也不是指夫妻要平均承担家庭劳务。平等不是平均，家庭劳务要合理分担。对于家庭事务，夫妻双方均有权发表意见，应当协商做出决定，一方不应独断专行。

男女平等

男女平等，是指男女两性在政治、经济、文化、社会和家庭等各个方面，享有同等的权利，负担同等的义务。《中华人民共和国宪法》第48条第1款就对男女平等问题明确指出："中华人民共和国男女在政治的、经济的、文化的、社会的和家庭的生活等各方面享有平等的权利。"

2012年11月中国共产党第十八次全国代表大会中，首次将男女平等作为基本国策写入报告。

中国1954年就把男女平等写入《中华人民共和国宪法》。从1995年江泽民同志在第四次世界妇女大会开幕式上明确提出，到2005年修订权益保障法条例，再到2012年在党的十八大报告中得以体现，男女平等基本国策完成从"政府的承诺"到"立法的确认"再到"执政党意志"的全方位"认证"。

60多年来，在党和国家的高度重视和大力推进下，男女平等基本国策对推动中国人口事业发展产生了重大而深远的影响。

反对家暴

● 反家庭暴力能有效保护妇女的人身权利。妇女是家庭中的弱势群体，对其进行倾斜保护是实现实质正义的应有之义。

● 反家暴能有效保障残疾人的人身权利不受侵犯。残疾人是生活中的弱势群体，更是容易受到侵犯的脆弱主体。

● 反家暴能有效保障未成年人的合法权益。中国式教育有棍棒教育的传统，这种陋习与时代背景不符，理应加以规范。

● 反家暴能促进家庭关系的和谐。家庭是社会的基本单元，家庭和谐能促进社会朝着和谐正义的方向迈进。

抚养未成年子女的义务

●父母或者其他监护人应当创造良好、和睦的家庭环境，依法履行对未成年子女的监护职责和抚养义务。

●父母还应当关注未成年子女的生理、心理状况和行为习惯，以健康的思想、良好的品行和适当的方法教育和影响未成年子女，引导未成年子女进行有益身心健康的活动，预防和制止未成年子女吸烟、酗酒、流浪、沉溺网络以及赌博、吸毒、卖淫等行为。

●父母不得虐待、遗弃未成年子女，不得歧视女性未成年子女或者有残疾的未成年子女，禁止溺婴、弃婴。父母对未成年子女有抚养教育的义务，应使其安全、健康地成长，并在德、智、体、美、劳等方面全面发展。

●父母因外出务工或者其他原因不能履行对未成年子女监护职责的，应当委托有监护能力的其他成年人代为监护。

教育未成年子女的义务

● 父母应当学习家庭教育知识，正确履行监护职责，抚养教育未成年子女。

● 父母应当尊重未成年子女受教育的权利，必须使适龄未成年子女依法入学，接受并完成义务教育，不得使接受义务教育的未成年子女辍学。

● 父母应当根据未成年子女的年龄和智力发展状况，在做出与未成年子女权益有关的决定时告知其本人，并听取他们的意见。

鼓励生育三胎

中共中央政治局2021年5月31日召开会议，会议指出，实施一对夫妻可以生育三个子女政策及配套措施。

"三孩"政策的重大意义

中国人口总量庞大，近年来人口老龄化程度加深。进一步优化生育政策，实施一对夫妻可以生育三个子女政策及配套支持措施，有利于改善人口结构、落实积极应对人口老龄化国家战略、保持中国人力资源禀赋优势。

"三孩"政策的配套措施

这次公布的措施也是十分完备——要将婚嫁、生育、养育、教育一体考虑，加强适婚青年婚恋观、家庭观教育引导，提高优生优育服务水平，发展普惠托育服务体系，推进教育公平与优质教育资源供给，降低家庭教育开支，完善生育休假与生育保险制度，加强税收、住房等支持政策，保障女性就业等。

应对人口老龄化

要贯彻落实积极应对人口老龄化国家战略，加快建立健全相关政策体系和制度框架。

要稳妥实施渐进式延迟法定退休年龄，积极推进职工基本养老保险全国统筹。

完善多层次养老保障体系，探索建立长期护理保险制度框架。

加快建设居家社区机构相协调、医养康养相结合的养老服务体系和健康支撑体系。

发展老龄产业，推动各领域各行业适老化转型升级。

大力弘扬中华民族孝亲敬老的传统美德，切实维护老年人的合法权益。

加大财政投入力度，完善老龄事业发展财政投入政策和多渠道筹资机制。

赡养老人

赡养老人，是中华民族的传统美德，同时也是每个人应尽的义务。

相关法规

《中华人民共和国民法典》第二十六条父母对未成年子女负有抚养、教育和保护的义务。成年子女对父母负有赡养、扶助和保护的义务。

《中华人民共和国民法典》第三十七条依法负担被监护人抚养费、赡养费、扶养费的父母、子女、配偶等，被人民法院撤销监护人资格后，应当继续履行负担的义务。

《中华人民共和国民法典》第一千零六十七条父母不履行抚养义务的，未成年子女或者不能独立生活的成年子女，有要求父母给付抚养费的权利。

成年子女不履行赡养义务的，缺乏劳动能力或者生活困难的父母，有要求成年子女给付赡养费的权利。

禁止歧视、虐待老人

● 《中华人民共和国宪法》第四十九条第 3 款 禁止虐待老人、妇女和儿童。

● 《中华人民共和国刑法》第二百六十条 虐待家庭成员，情节恶劣的，处两年以上有期徒刑、拘役或者管制。

● 《中华人民共和国老年人权益保障法》第四条规定 "禁止歧视、侮辱、虐待、遗弃老年人。"

依照《中华人民共和国刑法》第二百六十条规定："虐待家庭成员情节恶劣的处两年以下有期徒刑、拘役或者管制。""犯前款罪致使被害人重伤、死亡的处两年以上七年以下有期徒刑。"

据悉，养老机构如果出现歧视、虐待、遗弃老人的情况，会被处以 2000 元以上 5000 元以下罚款。

邻里关系

● 邻里团结体现中华民族讲友谊、重情感、安居乐业的人文情怀和传统美德。

● 其核心理念是加强邻里团结，建立良好关系，要做到尊重邻居的人格、生活方式和生活习惯，尊重邻居的合法权益，切忌搬弄是非，视邻里的事情如自己的事情，视邻里的困难为自己的困难，从小事做起，积极主动地为邻居做好事。

建立正常的人际关系

在当今社会，人脉就是生产力，良好的人际关系可以带来很多意外的帮助和收获。下面小编就来告诉大家如何才能建立良好的人际关系。

●诚以待人

以诚相待是建立良好人际关系的前提，不能有伤害别人的想法。

●要有容人之量

大度的人才能成大事，才能获取良好的人际关系。

●赞扬别人

与人交往时，要学会发现对方的优点并适时地加以赞扬，这样可以建立良好的人际关系。

●信守承诺

良好的人际关系不仅是建立在互尊互敬的基础上的，而且是以互信、互相重诚守诺为前提的。

不搞宗派活动，反对家族主义

- 发挥党组织的整合功能与开展党内民主相结合。
- 对农村基层党员进行社会主义核心价值观教育。
- 建立完备而科学的农村基层党内制度体系。
- 培养农民的公民意识，拓宽党组织的活动范围。

三、最美家庭评选标准

● 爱党爱国 "最美家庭"

拥护党的路线、方针、政策，模范践行社会主义荣辱观，自觉维护公共设施，保护集体财产不受损失，同不遵守社会公德、损害集体利益、破坏公共财物的行为做斗争。

● 夫妻和睦 "最美家庭"

夫妻平等、互敬互爱、互谅互让、家庭和谐，幸福美满，在工作上互相支持，在生活中彼此关爱，共同承担家庭责任。

●孝老爱亲 "最美家庭"

孝敬父母、尊重长辈、关爱亲人，对体弱病残的家庭成员能够不离不弃，患难与共。

●遵纪守法 "最美家庭"

家庭成员自觉遵守国家法律法令、村规民约，不参与黄、赌、毒，无偷盗、打架斗殴、聚众闹事，无乱占、抢占、超占宅基地或耕地现象，家庭成员没有受过治安处罚和刑罚。

●勤俭持家 "最美家庭"

弘扬艰苦奋斗的优良传统，提倡勤俭节约、持家有道，不挥霍浪费，不横攀竖比，无好吃懒做、游手好闲、不务正业的家庭成员。

●勤劳致富 "最美家庭"

积极创业、踏实肯干、科学致富，通过勤奋劳动、诚实劳动、创新劳动致富，当好致富带头人，家庭有致富主导项目。

●教子有方 "最美家庭"

执行义务教育法，保证家庭适龄儿童入学。尊崇知识，注重学习，家庭里充满了浓厚的学习氛围。为国教子，以德育人，言传身教，子女在良好的家风家教中成长。

●助人为乐"最美家庭"

倡导社会公德，有奉献精神，经常为群众办好事，致力公益、扶危济困、乐于助人，践行雷锋精神，关爱弱势群体，积极参与志愿服务活动。邻里团结、和睦相处，守望相助，遇到难事，邻里之间热心帮助。

●文明新风"最美家庭"

家庭成员带头崇尚科学文明，反对封建迷信，不听信、不参与、不传播封建迷信思想。遵守党的民族宗教政策，加强民族团结，坚持与各种邪教组织做斗争，不参加非法宗教活动，带头移风易俗，破除陈规陋习。

●环境卫生"最美家庭"

增强环保意识，保护生态环境。积极参加村庄环境整治，带头治理环境卫生。家庭生活区干净整洁，庭院绿化，饮食卫生。生活方式健康、科学、文明。

（一）基本标准

●爱国爱乡

热爱党、热爱祖国、热爱家乡，政治立场坚定、思想觉悟较高、精神面貌良好。

● **遵纪守法**

遵守政策法规和村规民约，关心集体，主持公道，坚持正义。

（二）"好家风"标准

● **"孝老爱亲"好家风**

尊重长辈、关爱子女、兄弟团结、姐妹相亲、夫妻和睦、家庭温馨。

● **"崇学向善"好家风**

崇尚学习、尊重知识、重视教育、注重品行、明礼知耻、积德行善。

● **"律己感恩"好家风**

修身养性、品行端正、严于律己、宽以待人、做人实在、懂得感恩。

● **"诚实守信"好家风**

诚实待人、诚信处事、公道正派、讲究信誉、一视同仁、公平竞争。

● **"和谐邻里"好家风**

邻里团结、和睦相处、互相帮助、宽容相待、倡导新风、文明和谐。

● **"助人为乐"好家风**

热心公益、关心集体、扶贫济困、乐善好施、为人热情、甘于奉献。

● **"创业致富"好家风**

热爱劳动、钻研业务、勤俭持业、合法经营、富而守仁、共同致富。

● **"爱护环境"好家风**

讲卫生、讲文明、健康向上、家庭整洁、珍惜资源、爱护环境。

四、最美婆媳评选标准

（一）"好媳妇"评比标准

● 自觉遵守村规民约，爱护村集体财物，带头执行党的路线、方针、政策，支持党委政府及村两委的工作，在群众中有较高的威信。

● 积极参加镇里的各种活动，做"文明新风"活动的带头者、宣传者。

● 孝敬公婆，妯娌团结，爱护家庭成员，维护对外形象。

● 不参与封建迷信活动，不赌博，不信教。

● 夫妻团结，互敬互爱，勤劳致富。

● 家庭卫生整洁，注重科学文化学习，教子有方。

（二）"好婆婆"评比标准

● 自觉遵守村规民约，爱护村集体财物，带头执行党的路线、方针、政策，支持党委、政府及村两委的工作，在群众中有较高的威信。

● 积极参加镇里的各种活动，做"文明新风"活动的带头者、宣传者。

● 对子女一律平等看待，支持子女工作，婆媳团结，互敬互爱。

亮丽乡村

一、环境卫生要求

● 无明显裸露垃圾和露天粪坑

对路面、河边、墙边、公共地段、村庄内、乡郊结合部、辖区十字路口、零散集市的垃圾彻底清除，目视范围内无生活垃圾和建筑垃圾。

● 无水面漂浮物

对辖区内所有河道、鱼池、水塘、水沟的漂浮物定期打捞。

● 无乱贴乱画和乱拉乱挂

对辖区内墙壁、门面、电线杆、树木等实物上的乱贴乱画和乱拉乱挂彻底清理，规范管理主干路沿线墙壁上的墙体广告和宣传标语。

● 无散养家畜

农户饲养的猪、牛、羊等都要实行圈养，做到不散养。

● 无乱搭乱建和建筑物严重破损现象

对违规搭建的建筑物和破旧危房、残墙断壁，要彻底拆除。

● 无乱堆乱放

对主干道路及乡村级道路两侧、主要河流和居民户房前屋后、村内街道的乱堆乱放全部清理，建筑材料（砖、瓦、石子、沙子）做到堆放整齐。

● 无污水横流

对阴沟、下水道、排水沟进行彻底疏通，做到排水沟渠畅通，农户灶间、畜禽圈及小作坊的污水由管道排放。

● 公共场所绿化带内的花草、树木要经常修剪

无垃圾、无缺枝、无杂草、无虫害，种养良好。

二、保持环境卫生

农村环境卫生整治工作要集中解决"脏、乱、差"问题，重点抓好以下五个方面的整治：

● **解决垃圾乱扔问题**

加快垃圾池、垃圾桶的配套设施建设，对垃圾池、垃圾桶表面进行清洁，消除陈年垃圾，对生活垃圾进行分类，日常保洁和垃圾清运管理到位，确保路边、河边、桥边、沟边、墙边、公共地段、村庄内无白色垃圾。

● **解决乱堆乱放问题**

清理乱堆放的建筑垃圾、房前屋后的杂物。

● **解决广告乱贴乱挂问题**

整治牛皮癣等乱涂乱画现象，摘除乱悬乱挂的横幅标语，清理墙壁上、电杆上等处的牛皮癣。

● **解决污水乱排问题**

结合各村实际做好和完善排水设施，做好沟渠的清理保洁工作，解决污水乱排和不经处理直排问题。

● **解决绿化无管护问题**

做好乡村聚居点绿化管护工作，严禁种植高秆农作物、乱堆杂物的行为，对绿化定期进行修剪、除草。

三、厕所整治

（一）改造方式

在农户自愿改造的基础上，因地制宜，积极探索符合当地实际的旱厕改造方式。原则上存在旱厕的农户只改造一个旱厕（含一厕两坑），多余旱厕应予拆除。对于茅草旱厕、土坯旱厕、空心砖旱厕等达不到改厕要求的旱厕，原则上应予拆除；农户确须保留厕所的，应由农户自行改造厕房，达到改厕要求的进行卫生厕所改造。村领导要充分发挥协调作用，帮助农户选择有施工经验的队伍进行旱厕改造。

（二）改造要求

●严格执行建设标准

进行旱厕改造的农户，厕址选择要科学，化粪池远离水源，三格式化粪池容积合理、密闭不渗漏，进粪管、过粪管连接牢固。所有器具有产品质量合格证书，并达到国家规定的标准要求。旱厕改造户名单、改厕总数及改厕补助资金的使用情况要进行公示，旱厕改厕工程完工后，要逐户验收并建立档案。

●强化旱厕改造监管

旱厕改造必须始终坚持安全第一、质量第一，把监管贯穿于建设全过程。要加强技术指导，在基础施工和关键主体结构施工时，技术人员要现场指导检查，发现问题及时督促整改到位。要规范施工队伍，对不按设计施工、偷工减料或违规建设的，要责令限期整改。要加强竣工验收管理，旱厕改造结束后要按照基本建设条件逐户逐项检查，不合格的要整改达标。

●实行过程管控制度

旱厕改造前：由镇确定具有施工经验的队伍进行旱厕改造。农户自愿向村提出改厕申请，积极配合改厕工作的开展，并与村签订改厕协议，自行清理粪坑，以便改厕工作开展。

旱厕改造中：县住建局将会同有关部门定期开展督查，确保改厕工作施工进度。镇明确专人负责旱厕改造的组织、施工、安全等工作，定期深入改厕农户查看改厕施工进展情况，与施工队伍签订安全责任书。施工队伍要严格按照相关规范开展旱厕改造，保证施工安全和质量，确保设备安装后能正常使用。农户在旱厕改造过程中积极配合改厕工作的进行，遵守签订的改厕协议。

旱厕改造后：镇对改厕的农户逐户进行验收，确保改厕农户卫生厕所达到规范要求。施工单位和农户要配合验收工作，做好改厕档案资料的收集，对改厕后的质量和使用效果提出相关的意见和建议。县美丽乡村建设工作领导小组组织有关成员单位按照一定比例抽查验收旱厕改造农户，对验收合格的及时拨付奖补资金。

● 强化档案信息系统管理

要健全旱厕改造"一户一档"资料，做到改造一户、建档一户，镇建设所对档案资料的准确性负责，及时留存旱厕改造前、改造中、改造后3张照片。县住建局定期组织抽验核对，及时掌握工作进展，确保信息完整准确。

四、垃圾分类

（一）来源分类

● 种植业生产废弃物主要是指农田和果园残余物，如作物秸秆、果树枝条、杂草、落叶、果实外壳等。

● 养殖业生产废弃物主要是指禽畜粪便和栏圈垫物等。

● 农产品加工后的废弃物如稻壳、玉米芯、果汁渣等。

● 农村居民废弃物包括人粪尿、生活污水及生活垃圾等。

（二）资源最大化利用分类

●厨余垃圾

主要包括厨余垃圾以及不需要农户日常生活中进行分类的人畜粪便和农作物秸秆、树叶等。

●灰土垃圾

主要包括炉灰、扫地（院）土、拆房（墙）土等。

●可再生垃圾

主要包括废旧金属、废旧塑料、废旧纸类、废旧织物、废旧橡胶、废旧玻璃等。

●生物质垃圾

主要包括各类坚果皮屑、废旧木屑，以及不能成为材料的树枝、树杈等。

●有害垃圾

主要包括各种灯管、灯泡、废旧电池、农药瓶、油漆桶以及卫生网点的医疗垃圾等。

（三）农村垃圾处理方法

● 厨余垃圾

厨余垃圾占农村垃圾总量的 35% 左右，可用来生产沼气和有机肥。

沼渣还田： 秸秆发酵后产生的沼渣、沼液是优质的有机肥料，其养分丰富，腐殖酸含量高，肥效缓速兼备，是生产无公害农产品、有机食品的良好选择。一口 8 ~ 10 立方米的沼气池年产沼肥 20 立方米。连年沼渣还田的实验表明，土壤容重下降，孔隙度增加，土壤的理化性状得到改善，水土保肥能量增强；同时，土壤中有机质含量提高 0.2%，全氮提高 0.02%，全磷提高 0.03%，平均提高产量 10% ~ 12.8%。

● **沼气做燃料**

沼气可用于炊事和电灯照明之用，一般四五口之家，每天只需 1.5 立方米沼气便能解决餐饮及生 100 瓦点灯光的沼气活用能，可相当于 2 ~ 3 立方米城市煤气。1 立方米沼气直接用于点灯，可供相当于灯照明 6 小时左右。1 立方米沼气可发电 1.5 度，可供 1 马力（1 马 =735.50）内燃机工作 2 小时，供载重 3 吨的汽车行驶 2.8 千米。

● **灰土垃圾**

这种类型的垃圾一般很好处理，因为其不含有对环境有害的物质，只是大量的堆积既会影响村容的整洁，又会占据大量的可用地，因此应该合理处理。在这里我们一般用其来生产砌砖块，还可以作为生产水泥辅料以及用来生产农家肥和填坑造地等。

● 生物质垃圾

生物质垃圾可作为村民平时燃料的组成部分。

● 可再生垃圾和有害垃圾

对于这两类垃圾，我们进行统一的回收处理。

可再生垃圾每天要定时定点进行统一回收，回收时不用垃圾袋打包，这样就减少了垃圾袋的浪费。

对于有害垃圾，可以每个月进行一次回收。

五、道路管理

● 全面清除河道沿线垃圾和堆积物、搭建物和构筑物及其他障碍物。

● 以白色垃圾为重点，全面清理打捞河面的漂浮物、生活垃圾。

● 清除道路两侧 1 米范围内生长的杂草和堆放的垃圾、杂物及污染物，清除路面的抛撒物和积土，做好日常保洁。

● 对交通标示牌进行维护、更新、粉刷，保证其发挥正常功能和作用。

六、爱护公共设施

● 确保道路养护到位

加强道路养护，落实养护费用和工作责任，确保村内道路路面平整，无坑洼破损和积水，桥涵、盖板等道路设施完好，道路两侧宜林路段植树绿化、排水畅通。不得在路上堆放物品、倾倒垃圾、阻碍畅通。

● 实现水库、水塘、水渠、水陂等水利设施正常使用，水质清洁

要加强水利设施管护工作，定期或不定期对水塘、水渠、水陂进行疏浚加固；严格执行畜禽养殖三区划分规定，确保畜禽养殖零排放，做到水塘、水渠、河道无垃圾和杂物。

● 确保绿化管护良好

保护村庄上的古树名木，爱护花草树木，村内公共绿化有专人负责养护管理；村庄道路两侧、公共场所、房前屋后等具备绿化条件的地方做到应绿尽绿，无枯株、缺株，美化农村生态环境。

●实现垃圾定点处理

建立"户保洁、村收集、镇转运"的垃圾处理体系。镇成立垃圾清运队伍，配备清运车辆，负责收集转运各村点垃圾，要明确保洁员和清运人员责任，做到垃圾日产日清，不乱倒垃圾，不乱飘垃圾，不留垃圾死角。

七、村容村貌整治

（一）治脏乱——治理村屯环境卫生脏、乱、差

● 要积极推行农户门前承包制、十户联合保洁制、村屯环境清扫值日制等日常保洁办法，杜绝垃圾、粪肥、污物乱泼乱倒和物品乱堆乱放现象。

● 要积极推进农村无害化厕所建设，引导农民改变如厕习惯，新建住房提倡室内如厕。室外厕所要整洁，定期清扫。

● 畜禽要实行圈养，杜绝散放，畜禽粪便要出村。对公厕、私厕、畜禽圈要定期消毒，实现环境卫生保洁常态化。

● 加强柴草管理。有条件的村屯辟建柴草堆放点，远离农舍、旅游景点、公路。无条件集中管理的村屯，各户要在远离住宅院角集中摆放，做到摆放规范整齐，无柴草乱堆乱放现象，消除安全隐患。

● 治理城乡接合部、公路沿线环境卫生，出动人力物力对城乡接合部的卫生死角进行彻底清理。严禁在公路两侧、景观带堆放柴草、粪肥和杂物。

● 治理企业排污，倡导改水改厕。

● 防止农业生产资料污染。合理使用化肥、农药、农膜和植物生产激素，不乱扔、乱放、乱倒。

（二）建队伍——建立保洁员队伍

● 一是每个村屯要增设一至三名保洁员。

● 二是落实卫生保洁人员责任，做到垃圾及时清扫、日产日清、定点存放，12 小时保洁。

（三）增设施——增加卫生设施

● 要建设固定垃圾填埋场或垃圾中转站，每条街道要有定点垃圾箱，设专人负责，实行集中收装，定期填埋，无散落垃圾污染。

● 要有一台四轮拖拉机装运垃圾。

● 要适当增设公共厕所。

● 主要街道要安装路灯，既美化村屯，又方便村民夜间出行。

（四）修好路——修建道路和沟渠

● 按照新农村建设规划和"十二五"我市农村道路建设规划，每个村至少要有一条硬质路面，有条件的村屯要逐步实现道路硬化全覆盖，逐步提高村屯道路硬化覆盖率。

● 修建沟渠，及时清理边沟，定期清挖排水沟，做到边沟洁净，排水畅通。

（五）植好树——抓好村屯绿化、美化

● 要制订村屯绿化规划，每年春秋两季按照规划植树造林，村屯周围要有防护林，主要街道两侧要有绿化带，栽树种草。

● 要鼓励农民在住宅房前屋后适当栽果树，有条件的村要建村级公园和街头绿地，不断提高绿化覆盖率，真正形成村在林中，林在村中，房在绿中。

● 村屯主要街道要栽植花草、灌木。要培养村民养花的习惯，做到屋内有花，房前屋后有花，街道两旁有花。

（六）整庭院——改造庭院

● 修整村民围墙，规矩木板杖、铁栅栏、砖围墙，没有断条。

● 村民院落要整洁干净，清除庭院内垃圾、粪便、污物。柴草要定点角落摆放，农机具要有条理摆放。

● 要尽量做到院落硬化，不能硬化的院落要有甬道。

● 保持居室整洁，做到窗明几净，绿化、美化房前屋后。

（七）改住房——改善农村住房条件

● 要按照一村一特色的原则，每个村都要完成住宅建设规划，杜绝私建乱接现象发生。

● 对破旧房屋墙体进行粉饰，村房要统一。

● 结合泥草房改造，倡导推广使用清洁能源。

● 要因地制宜开发使用沼气、太阳能、液化气和柴薪加工等新型能源，使农民厨房向电气化、柴草化、无烟煤转变，无露天焚烧秸秆现象，防止大气污染。

（八）提素质——培育文明村民

● 以"改陋习、树新风、塑形象，创建文明健康的新生活"为突破口，在村民中倡导科学文明的生活方式。

● 制定村民文明生活公约，增强村民"创造优美生活环境，从我做起，从自家做起"的责任意识，逐步养成卫生、文明的生活习惯，不断提升村民的自身素质。

● 继续开展好"十星级文明户""五好文明家庭""好媳妇""青年先锋岗"等评选活动，加强环境卫生整治的细胞建设。

● 组织食品卫生、公共场所卫生知识培训，形成人人讲究卫生、人人监管卫生的良好村风。

八、搞好家庭卫生

（一）房前屋后

方圆 5 米内无白色垃圾，乱堆乱放物品、柴草，20 米内无粪堆等情况。

（二）院内环境卫生

● 地面平整清洁，无杂草、垃圾，无砖头、石块等杂物。

● 厕所墙壁洁净，无尘土，坑外无粪便，无手纸、垃圾、积水，做到每天至少清扫一次，保持洁净。

● 实行人畜分离。

（三）室内卫生

● 地面清洁，无杂物，沙发桌椅整齐清洁，桌面杂物摆放整齐。

● 卧室床铺及衣服洁净，各种物品整齐、统一摆放。

● 厨房台面整洁，厨具用品摆放整齐。

（四）个人卫生

穿戴服装整洁，谈吐礼貌。

九、门前院内管理

● 包卫生

即无垃圾污物，无果皮纸屑，无乱贴乱画，保持地面平整，排水通畅。不得从事有碍乡容环境和破坏环境卫生的生产加工业。

● 包绿化

即包培植门前绿化和保护门前行道树，保护管理好门前公共设施，禁止损坏花草树木等。

● 包秩序

即保证门前不乱摆摊点，无乱停乱放车辆，不晾晒和堆放有碍观瞻的物品，临街不得饲养家禽。

十、保护生态环境

● 在日常生活中，减少垃圾与废物的排放，实行垃圾分类袋装化。这样不仅能减少环卫工人的工作量，还能更好地起到废物利用，减少污染，节约资源。

● 买菜时，少用塑料袋，尽量用竹篮子。

● 用笔尽量用可换芯的，减少圆珠笔外壳的浪费与垃圾量。

● 外出吃饭尽量不用一次性饭盒和筷子。

● 播种绿色就是播种希望，参与植树造林和环境清理整治活动。

● 出门尽量步行、坐公交或者其他公共交通工具。少打出租或者自己开车，这样能减少交通拥堵，还能减少尾气排放，有利于保护环境。

● 多使用可持续利用的物品，少使用一次性物品。这样能减少垃圾，有利于保护环境。

● 节约用水，随手关水龙头、关电灯，出门记得关电器。

● 不燃放烟花爆竹。烟花爆竹对环境的污染是十分大的，一定要做到少燃放最好不燃放烟花爆竹。

十一、最美庭院评选标准

（一）布局美

庭院规划布局合理，干净整洁，生活、休闲、绿化功能分区，生产生活用具分类入库存放，整齐有序，美观实用。

（二）绿化美

　　庭院内外栽花种草植树，多选用本土花卉、树木，养护良好，三季有花，四季常绿。

（三）居室美

　　居室实行客厅、卧室、厨房、厕所"四分开"，改水、改灶、改厕、改圈"四改造"，农资、粮食、食物、衣物"四收纳"，窗明几净，美观舒适。

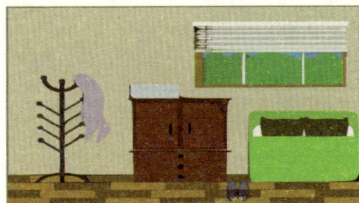

（四）家风美

家庭成员积极践行社会主义核心价值观，夫妻和睦，敬老孝老，科学教子，勤俭持家，邻里团结，遵纪守法，诚实守信，崇尚科学，移风易俗。

（五）特色美

将农家文化、书画文化、传统文化、个人爱好等融入庭院建设，打造书香、文化家庭。

十二、最美村庄评选标准

（一）生产美

● 产业特色突出，或科技含量较高，或文化内涵丰富，能很好地满足村民增收和社会参与的需要。候选村至少要具备以下特点之一：

● 都市型现代农业特征突出，或高端、高效、安全，或能较好地展示"田园风光"。

● 以当地农产品为主要资源的农副产品加工业工艺独特，享有盛誉。

● 以自然、人文资源为依托的旅游服务业蓬勃发展，管理和接待规范。

（二）生活美

●较高的收入水平

村民人均纯收入原则上在本区县农民人均纯收入平均水平以上。

●良好的生活条件

村庄改水、改厕，农户庭院整洁、居住宽敞。

●文明的生活习惯

村民讲究卫生，无乱倒垃圾污水、乱堆乱放杂物、随地吐痰等现象。

（三）环境美

● **基础设施较完善**

建设有规划，布局合理，村庄干净、整洁、路畅，有健全的管护机制。

● **村民住宅有特色**

美观质朴，体现乡村文化符号，与周边环境协调、自然，融为一体。

● **村庄绿化美化**

花草、林木覆盖率达到较高水平。

（四）人文美

●融洽的干群关系

党政领导班子以人为本，管理民主、廉洁奉公，带领群众共同致富。村里无群访、越级上访等事件。

●良好的道德风尚

村民遵纪守法、诚实守信、待人热情，无重大刑事案件、计划生育超生等问题；

●健康的文化活动

文化设施健全，文化活动丰富多彩，村里无封建迷信、聚众赌博、不赡养老人等不文明现象。

十三、最美社区评选标准

（一）"最生态社区"的评选标准

在社区基础设施建设、生态环境保护、生态文化建设等方面有突出表现。公共卫生设施配套齐全，商业区、餐饮区、娱乐场所、农贸市场等配套设施分布合理、规范整洁，近三年无环境污染投诉。

（二）"最平安社区"的评选标准

百姓安全感达到 95% 以上，社区巡防队伍完备，综治工作、人民调解、社区脱毒戒毒工作成绩突出，无恶性刑事案件。

（三）"最文明社区"的评选标准

广泛开展学雷锋志愿服务活动，有优美的环境、优良的秩序、丰富的文化、融洽的人际关系、健全的社会保障体系、较强的服务意识，社区宣传推广有声势，居民群众满意度高。

（四）"最创新社区"的评选标准

符合创新型城市发展要求，创新社区管理模式，形成社区党组织、社区居委会、业主委员会、物业管理公司"四位一体"的管理机制，对老人等弱势群体帮扶显著。

文明行为

一、文明交往

热情礼貌

- 主动
- 热情
- 大方
- 讲礼仪
- 讲礼貌
- 谦虚恭敬
- 语言文明
- 举止得体
- 装束优雅
- 仪表大方

公道正派

- 待人接物，为人处世要公道正派。
- 不要对他人说三道四，不搬弄是非。

实事求是

- 不说大话、假话。
- 对方提出的问题，知之为知之，不知为不知。
- 对根本做不到的事，不要轻易许诺。

二、文明礼仪

基本礼仪

个人礼仪是其他一切礼仪的基础，是一个人仪表、言谈、行为举止的综合体现，是个人性格、品质、情趣、素养、精神世界和生活习惯的外在表现。

总的规范：整洁清爽、端庄大方

仪表仪态礼仪

● 保持头发清洁，修饰得体，发型与本人自身条件、身份和工作性质相适宜。男士应每天修面剃须。

● 女士化妆要简约、清丽、素雅，避免过量使用芳香型化妆品，避免当众化妆或补妆。

● 表情自然从容，目光专注、稳重、柔和。手部保持清洁，在正式的场合忌有长指甲。

● 站姿：挺直、舒展，手臂自然下垂。

● 坐姿：入座时动作应轻而缓，轻松自然；离座时，应请身份高者先离开。

● 走姿：行走时应抬头，身体重心稍前倾，挺胸收腹，上体正直，双肩放松，两臂自然前后摆动，脚步轻而稳，目光自然，不东张西望。

交谈礼仪

- 态度诚恳
- 表情自然
- 大方
- 语言和气亲切
- 表达得体

服饰礼仪

着装是一门艺术，正确得体的着装，能体现个人良好的精神面貌、文化修养和审美情趣。

●男士着装

男士穿着西装时务必整洁、笔挺。衬衫的领子要挺括，不可有污垢、污渍。领带结要饱满，与衬衫领口要吻合。穿西装一定要穿皮鞋，鞋的颜色不应浅于裤子。

●女士着装

服饰的色彩不宜过于夺目，应尽量考虑与气氛相和谐，并与具体的职业分类相吻合。服饰应舒适方便，以适应整日的工作强度。

三、文明用语

初次见面说：您好。

客人到来说：欢迎。

好久不见用：久违。

欢迎购物用：欢迎光临。

求人解答用：请教。

赞人见解用：高见。

看望别人用：拜访。

陪伴朋友说：奉陪。

等候客人用：恭候。

请人帮助说：请多关照。

表示歉意说：对不起。

麻烦别人说：拜托。

中途先走说：失陪了。

表示答谢说：谢谢。

表示礼让说：您先请。

接受感谢说：这是我应该做的。

助人为乐说：我能帮您做什么？

征求意见说：请指教。

表示慰问说：给您添麻烦了。

见面问候语：您好；早上好；晚上好。

分手辞别语：再见；再会。

求助于人语：请；请问；请帮忙。

受人相助语：谢谢。

得到感谢语：别客气，不用谢。

打扰别人语：请原谅；对不起。

听到致歉语：不要紧；没关系。

接待来客语：请进；请坐；请喝茶。

送别客人语：再见；慢走；欢迎再来。

无力助人语：抱歉；实在对不起；请原谅。

礼称别人语：同志；先生；小姐；师傅；朋友。

提醒别人语：请您小心；请您注意；请您别着急。

提醒行人语：请您注意安全；过路请走人行道。

提醒乘客语：人多车挤，请大家让一让。

提醒旅客语：请您再仔细检查一下，看有没有遗忘什么东西。

提醒顾客语：时间快到了，没选好商品的同志请您抓紧时间。

提醒让路语：请借光；请您让一让好吗？

提请等候语：请稍候（等），我马上就来。

提醒排队语：请大家自觉排队；请您排队好吗？

接打电话语：接：您好！我是××，请讲话。
　　　　　　挂：谢谢，再见。

四、文明上网

●**提倡正确导向，反对不良网风**

要始终以马克思主义新闻观为指导，坚持正确的政治方向和舆论导向，坚持以团结鼓劲、正面宣传为主的方针，为党和国家的工作大局服务，摒弃违背公众利益以及背离中华民族优良传统的不良网风。

●**提倡遵纪守法，反对违规违纪**

要遵循爱国、守法、公平、诚信的基本原则，自觉遵守国家有关互联网的法律、法规和政策，坚持依法办网，传播合法内容，杜绝违规从事互联网新闻信息服务。

● **提倡客观真实，反对虚假新闻**

要坚持客观、公正的报道原则，建立健全管理制度，规范信息采集、制作、发布流程，提供客观、真实的新闻信息，防止虚假新闻和有害信息在网上传播。

● **提倡先进文化，反对落后文化**

要把互联网办成宣传科学理论、传播先进文化、塑造美好心灵、弘扬社会正气的阵地，传播有益于提高民族素质、推动社会发展的健康内容，不为有悖人类和社会进步的言论提供传播渠道。

● **提倡格调高雅，反对低级媚俗**

要处理好社会效益与经济效益的关系，始终把社会效益放在第一位，坚持高品位、高格调，抵制淫秽、色情、

暴力等有害信息，摒弃低级趣味之风，净化网络环境。

● **提倡公平守信，反对恶性竞争**

要遵循诚实、守信、公平竞争的经营原则，坚持维护公众利益和行业整体利益，反对不正当竞争行为，实现共同发展。

● **提倡科技创新，反对墨守成规**

要主动适应互联网的新发展，积极使用新技术、新手段，努力开发新业务、新领域，为网民提供迅速及时、内容真实、生动活泼的新闻信息服务。

● **提倡团结协作，反对损人利己**

要努力增进业界的相互理解和支持，自觉维护我国网络媒体的良好发展环境，使互联网新闻信息服务行业的全体从业人员形成合力，为我国互联网快速健康发展做出贡献，为全面建设小康社会服务。

五、反对不文明行为

- 禁止黄赌毒。
- 杜绝封建迷信，不参加邪教组织。
- 革除不良生活习惯，例如：抽烟、酗酒、暴饮暴食、熬夜、过度使用电子产品等。
- 遵守户口管理规定。
- 服从镇村规划，不准私搭乱建。

六、文明集市

- 不争吵，不谩骂，不使用低俗语言。
- 不大声喧哗，不躺卧公共座椅。
- 不随地吐痰，打喷嚏咳嗽要掩口鼻。
- 不乱扔杂物，不车窗抛物。
- 不在非吸烟区吸烟，不随意丢弃烟头。
- 不乱放杂物，不占用不堵塞消防通道。
- 不损坏公共设施。
- 不乱停乱放，驾驶机动车或非机动车不逆行。

- 车辆、行人各行其道。
- 行车主动礼让行人。
- 有序排队，不插队，保持适当距离。
- 乘坐公共交通工具要排队候车、依次上下车，不拥挤、不争抢座位，主动为老、弱、病、残、孕及怀抱婴儿者让座。
- 待人友善，热情耐心回答他人询问。
- 生活垃圾定点投放、分类投放。
- 遛狗要牵绳，粪便要清理。